文涵书睿

蒙台梭利

家庭早教游戏 ②

0~6岁 数学能力培养与训练

『意』蒙台梭利/著 崔维伟/编译

台海出版社

图书在版编目（CIP）数据

蒙台梭利家庭早教游戏.0~6岁数学能力培养与训练 /（意）蒙台梭利著；崔维伟编译.—北京：台海出版社，2017.5

ISBN 978-7-5168-1379-9

Ⅰ.①蒙… Ⅱ.①蒙…②崔… Ⅲ.①数学课–学前教育–教学参考资料

Ⅳ.①G613

中国版本图书馆CIP数据核字（2017）第072174号

蒙台梭利家庭早教游戏.0~6岁数学能力培养与训练

著　　者：（意）蒙台梭利		编　　译：崔维伟	

责任编辑：王　萍　　　　　　　　装帧设计：仙　境

版式设计：曹　宝　　　　　　　　责任印制：蔡　旭

出版发行：台海出版社

地　　址：北京市东城区景山东街20号　　邮政编码：100009

电　　话：010-64041652（发行，邮购）

传　　真：010-84045799（总编室）

网　　址：www.taimeng.org.cn/thcbs/default.htm

E-mail：thcbs@126.com

经　　销：全国各地新华书店

印　　刷：北京军迪印刷有限责任公司

本书如有破损、缺页、装订错误，请与本社联系调换

开　　本：880mm×1230mm　　1/24

字　　数：96千字　　　　　　　　印　张：6

版　　次：2017年6月第1版　　　　印　次：2017年6月第1次印刷

书　　号：ISBN 978-7-5168-1379-9

定　　价：29.80元

发现成长的秘密，给儿童科学的教导

玛利亚·蒙台梭利是 20 世纪享誉全球的幼儿教育家，她所创立的幼儿教育方法的特点在于对儿童早期教育的重视。《西方教育史》称她为"20 世纪赢得欧洲和世界承认的最伟大的科学与进步的教育家"。

1907 年，蒙台梭利在罗马的贫民区建立了一所"儿童之家"，她运用自己独创的方法对那些招收来的 3~6 岁的儿童加以教育，结果使得那些出身"普通的、贫寒的"儿童的心智发生了巨大转变，皆被培养成了聪明自信、有教养、生机勃勃的少年英才。于是，人们纷纷仿照蒙台梭利的教育模式建立了许多"儿童之家"。1909 年，由蒙台梭利编写的《运用于儿童之家的科学教育方法》一书出版上市，很快便被译成 20 多种文字在世界各地流传。随后有 100 多个国家引进了蒙台梭利的方法，蒙台梭利在世界范围内引起了一场幼儿教育的革命。

由蒙台梭利提出的蒙氏教育法是一种针对儿童及幼儿的教育理念，蒙台梭利在很大程度上接受了卢梭、裴斯泰洛齐、福禄贝尔的自然教育与自由教育的观点，根据自己的实际观察和实验研究提出的一种全新的教育理念，旨在全面提升儿童素质，发展儿童潜能。

读过蒙台梭利系列图书的读者对于儿童的教育问题会有一种脱胎换骨般的认识，

能够感受到蒙台梭利教育法对孩子的尊重、对生命的尊重，从人性与生命的角度去揭示儿童成长的秘密，揭露教育的本质。在这一点上，是以往的教育方法并不具备的。

蒙台梭利利用儿童自身的成长要求，在不损害儿童的自由与快乐的前提下，实现教育的目的。她认为，儿童与生俱来就具有"内在生命力"，这是一种积极的、不断发展的无穷力量，而教育的任务是对儿童"内在潜能"的激发和促进，并不是强行地向儿童灌注成人的思想。所以，教师和父母想要帮助儿童获得良好的身心发展，必须先了解儿童的内心世界，从儿童自由与自发的活动中去仔细地研究和观察。

蒙台梭利认为："孩子有绝对的自主权，让他们自己决定玩什么，学什么。"与传统教育方法有所不同，蒙台梭利教学法的目的是帮助孩子自然地成长，更强调对孩子的秩序感、专心度、独立能力和手眼协调能力方面的培养，为孩子提供他们所需要的活动环境，让孩子感受到绝对的自由和尊重，让他们快乐地成为他们自己。

据此，蒙台梭利为学前儿童创造设计出一整套有效引导儿童迅速成长的训练方法。她提倡教育应当以儿童为中心，把握儿童的敏感期，着重儿童智慧与品格的养成，尊重儿童的成长步调等方向，对儿童进行体育、感官、知识、生活等方面的教育。

蒙台梭利教育法源于对儿童的充分了解和研究，其中包含着很多有价值的教育观点，在她的著作中均有详细介绍。在此，我们为了读者更好地了解她的教育观点，特意编译了这套"蒙台梭利系列"图书，在尊重原著的基础上，对原著内容进行了筛选和调整，力求能够让蒙台梭利的教育理念更易被家长理解和运用。

本套书包括:《蒙台梭利家庭早教游戏:0~6岁语言能力培养与训练》《蒙台梭利家庭早教游戏:0~6岁生活习惯培养与训练》《蒙台梭利家庭早教游戏:0~6岁感觉能力培养与训练》《蒙台梭利家庭早教游戏:0~6岁数学能力培养与训练》《蒙台梭利家庭早教游戏:0~6岁智力能力培养与训练》《蒙台梭利家庭早教游戏:0~6岁运动能力培养与训练》。这六本书侧重点不同，从儿童不同方面的教育培养入手:《蒙台梭利家庭早教游戏：0~6 岁语言能力培养与训练》是对儿童语言能力和交际方面的开发与训练指导；《蒙台梭利家庭早教游戏：0~6 岁生活习惯培养与训练》是对儿童卫生习惯、饮食习惯、行为习惯和品格习惯的系统培养指导；《蒙台梭利家庭早教游戏：0~6 岁感觉能力培养与训练》是对儿童视、听、嗅、味、触方面的能力进行激发和拓展训练指导；《蒙台梭利家庭早教游戏：0~6 岁数学能力培养与训练》是对儿童算术、几何方面的训练指导；《蒙台梭利家庭早教游戏：0~6 岁智力能力培养与训练》是对儿童的注意力、想象力、记忆力、观察力、思维力、意志力、分析能力方面的训练指导；《蒙台梭利家庭早教游戏：0~6 岁运动能力培养与训练》是对儿童的身体机能、肌肉、行动方面的训练指导。

　　我们希望通过这套书，来指引家长更科学地对待儿童，给予儿童最佳的教育方式。这套书并不是晦涩难懂的理论书，而是一本操作性很强的工具书，其中包括摘自蒙台梭利原著的"蒙台梭利老师怎么说"，针对我国国情和目前家庭教育现状提出的"专家解读"，供家长参考的训练游戏"游戏配合"这三大模块的内容。

　　蒙台梭利的教育思想和她的著作风靡全球，赢得了一致的好评。在当前的中国社会中，教育问题丛生，家长为孩子的教育问题也是操碎了心。所以，我们更是需要一个有效的教育法来做指引。我们相信，在认真阅读本套书之后，所有的家长都能够更加科学地对待儿童，找到适合他们的最佳的教育方式。

儿童早期的数学能力培养

蒙台梭利是一位有着强烈责任感和创新精神的人。这种责任感和创新精神使她不断探索，用心创造，并最终成为一个伟大的教育家。她在实验和观察的基础上，创办了给世界教育进程带来深刻变革的蒙氏幼儿早期教育法，对欧美国家的教育和社会发展产生了深远的影响。

蒙台梭利在实验和观察中发现，儿童都是渴望游戏的，因为对于儿童来说，游戏是他们认识世界的途径。如果让儿童的精力全部专注于教科书，他们的生活就会变得枯燥乏味。蒙台梭利认为，在儿童学习知识之前，应该先关注儿童的兴趣、要求和愿望。

儿童作为一个独立的个体，有一种与生俱来的"内在生命力"，教育是为了促进儿童"内在潜能"的发挥。所以说，在对儿童进行教育的时候，不应该干涉儿童的自由行动，更不能压制儿童的自我发展，应该因势利导，顺应儿童的天性，让其在游戏中成长。

儿童的成长具有阶段性，在儿童的教育中应该根据儿童心理发展的不同阶段为儿童提供不同的"有准备的环境"，应对儿童不同时期的不同心理需求，进行相应的科学教育。

数学能力的培养对于儿童来说并不是很困难，因为，在生活中许多东西都映射着数学元素，我们需要做的是在孩子合适的时期，进行必要的引导，让其认识到这是数学，或者更具体一些，这是数字，这是几何图形。比如说，当孩子刚刚开始学习数数的时候，为了更好地让儿童能够发挥其数学潜能，我们需要做一个简单的引导，先让孩子接触到数的概念，比如说"家里有三口人，吃饭要用三个碗"。在这样的浸润下，根据孩子的心理接受能力，继而再对孩子进行一个较为系统的数数的训练。

这本书是在蒙台梭利原著的基础上，结合现在我国儿童成长的环境和实际需要进行适当的调整。对儿童数学能力的培养，主要是从数字和几何两个大方面进行介绍，每一节后面都设置一个小游戏，这些游戏都是出自蒙台梭利原著。通过这本书，父母就可以和孩子轻松体验蒙氏数学教育的奇妙。

有一点需要家长朋友们注意，这本书上的每一个游戏都对所适合儿童的年龄进行了标注。这样家长在对孩子进行训练的时候有一定的参照标准，但是由于不同儿童的个体差异比较大，针对相同的游戏，相同年龄段的孩子可能会有不同的表现。在一般情况下，家长不需要对孩子不能很好地完成某个游戏而过分担心。

打开这本书，让我们和孩子一起展开奇妙的蒙氏数学教育之旅。

目录

Part 1

儿童早期的比较能力训练

01 培养儿童对大小的感知

　　有一天，我走进一所"儿童之家"，五六个儿童围在我身边，他们用手轻轻地抚摸我的双手和衣服，说道："它是光滑的。""它是天鹅绒的。""这是粗糙的。"这时又有几个儿童走过来像他们那样，触摸我的衣服，并且认真而严肃地重复同样的话。教师看见后就想要阻止小朋友这么做，但我向她做了"嘘"的动作，示意她不要阻止孩子，我站着，也不出声，欣赏着孩子们这种自发的智力活动。蒙台梭利教育法的最大成功一直就在于此——促使儿童自然发展。

　　应用视觉教育是最重要的教育阶段之一。实际上，这是为准确使用语言做准备。在我们学校中经常碰到不能准确使用语言的情况。例如，许多孩子把厚和大、长和高交换使用。用我们将要介绍的方法，老师便可以很容易地借助教材建立起非常明确的概念，并把它们和相应的词汇联系起来。

　　在孩子们已经玩很长时间的立体的镶嵌游戏并已经很熟练了以后，单独取出第三套圆柱体，教师把它们从大到小排成一行，拿起第一根，对孩子说道："这是最大的。"

然后，拿起最后一根说："这是最小的。"然后，把它们并排放着，比较它们的底和高是怎样的不同，并反复说几次"大——小"。做完这些以后，教师应该紧跟着检查，问道："把最大的给我，把最小的给我。"最后，老师应该检查一下名称，问道："这是什么？"在以后的课程中，教师可以把这两个拿走，然后用剩下来的圆柱中最大的和最小的反复做这种练习，直到所有的圆柱体练习完为止。

——摘自《蒙台梭利幼儿教育科学方法》

专家解读

孩子的感觉练习是一种自我教育，反复进行练习，就会完善孩子的心理感觉过程。家长必须引导孩子从感觉走向概念——从具体到抽象再到概念之间的练习，为此，应该用一种方法来隔离孩子的内部注意力，把他固定在某一知觉上。我们需要注意的是，既要尽可能限制自己的介入，同时也不能让孩子在自我训练中过于劳累。

游戏配合

游戏名称：粉红的小木块

适用年龄：2~3岁

游戏目的：让孩子掌握大小的不同，了解大小的概念。

游戏方式：

 **Step 1**

准备一套粉红塔教具。

Step 2

从木块里拿出最大的木块和最小的木块放在桌子上。

Step 3

妈妈和孩子一起给木块命名。把大的木块给孩子玩儿，告诉孩子："这是大木块。"然后将小木块给孩子玩儿，告诉孩子："这是小木块。"

这是小木块。

给我大木块。

Step 4

接下来，妈妈手里拿着大木块或者小木块问孩子："这是什么样的木块？"让孩子回答。

Step 5

一段时间后，将所有木块混合到一起，妈妈说："请把最大的木块给我。"或："请把最小的木块给我。"看看孩子能不能够成功分辨出大木块或小木块。

☆家长观察笔记

02 感官训练中的长与短

 **蒙台梭利老师怎么说** ❖

在我们的"儿童之家"，在对孩子进行长短的视觉训练的时候，使用的教具是一套有等级变化的长棒，长棒的厚度相同，但是长短不同。

教师把这套长短不同的木棒拿出来，把它们一个挨一个水平地放在桌子上。然后他拿出最长的木棒说"这是最长的"，拿出最短的木棒说"这时最短的"。把这两个木棒并排放在一起，以便对比更加突出。接着，他再次把这两个木棒放回原位，与其他木棒并排放在一起，表示所有木棒厚度都是一样的，并重复几遍说："长的，短的。"做完这些之后，应紧跟着问道："把最长的给我。""把最短的给我。"然后将这两个拿走，使用剩下的木棒进行反复练习，直到所有木棒都练习完为止。最后，还要检查儿童是否已掌握名称。

教师必须随时检验自己的讲授是否实现了预期的目标，检验必须局限于术语讲授所能唤起的有限意识域。

——摘自《蒙台梭利幼儿教育科学方法》

专家解读

关于如何将孩子学到的抽象概念一般化的问题，就是让孩子把这些概念运用到所处环境中，也不能让孩子长时间甚至数月内连续学习抽象概念。需要等到孩子对环境的自发的探究，也就是探索精神的自动爆发。在这种情况下，孩子在每次有新发现时都能感受到喜悦，同时，还会获得尊严和满足感。这种尊严和满足感鼓舞他们从周围环境中去探索更多新的感觉，鼓励他们成为自发的参与者。

在孩子进行实践的过程中，家长不能从中打断孩子，让孩子自己操作，自己发现。孩子摆放正确时，要鼓励孩子。

游戏配合

游戏名称：木棒来站队

适用年龄：2~3 岁

游戏目的：让孩子通过比较发现长短的不同，了解长和短的概念。

游戏方式：

Step 1

准备五根木棒，每根木棒从长到短依次减少两厘米。

Step 2

将准备好的木棒放在桌子上，让孩子通过对木棒进行观察，说出它们的不同之处。

Step 3

从木棒中去除最长和最短的让孩子进行比较，然后再取任意两根，让孩子观察比较，说出它们的不同。

Step 4

让孩子按照木棒的长短顺序进行排列。如果孩子不知道如何排列，妈妈可以引导孩子来排序。

☆家长观察笔记

03 让儿童熟悉高矮的概念

 **蒙台梭利老师怎么说** ❖

在儿童之家，儿童认识高矮的概念是通过一组圆柱体插件进行练习的。练习的方式同对长短和大小概念的练习方式是一致的，每次都是从所有圆柱体中选择两个对比最明显的圆柱体。

我们首先要让孩子可以区别"长短"和"高矮"。告诉孩子：当物体在一个维度呈现出不同变化的时候，我们可以用相反的词语表达出来。比如说长短不同的木棒，它只是在长短这个维度上发生了变化，我们就说物体是"长的"或"短的"。但如果物体在高度上发生了变化，就不能再用长短来描述了，这时我们就要说"高的"或"矮的"。

当我们在测量儿童的身高时，很容易在实际环境中应用高矮的概念。孩子们自己也会互相比较，说："我高一点。"孩子们还能正确地自己比高矮，他们肩并肩站在一起，互相看谁高谁矮。他们也会经常站在成人的身边，惊奇而有趣地观察他们和成人身高之间的巨大差异，会感叹道："我也要长到老师那么高！"

——摘自《蒙台梭利科学教育法》

专家解读 ◆

孩子用发现的眼睛看这个世界，在每个时期，他们所感受的这个世界是不一样的，这也是遵循孩子自身成长规律的。在练习过程中，如果孩子没有正确指出和高矮相对应的物品，也就是说，孩子出错了。在这个时候，我们不必立即纠正孩子的错误，但是必须停止对儿童的练习，改天继续进行。因为这时孩子尚未为我们所期望唤起的心理联系做好准备，所以，必须选择另外的时机。

游戏配合 ◆

游戏名称：我和妈妈比身高

适用年龄：2~3 岁

游戏目的：让孩子了解高与矮，理解高与矮的不同。

游戏方式：

Step 1

准备多根吸管，若干胶带。

Step 2

孩子和妈妈同时靠墙站好，两个人比一比身高。

Step 3

在墙上标记每个人的身高。

Step 4

妈妈和孩子一起动手，将吸管一根一根连接到一起，接口处用胶带粘好，一直连接到墙上身高的标记处。

Step 5

每个人拿着量自己身高所使用的吸管，数一数一共用了多少根吸管，比一比谁高、谁矮，进而让孩子熟悉高矮的概念。

☆家长观察笔记

04 提升儿童对厚薄的认知

 **蒙台梭利老师怎么说** ❖

　　在儿童之家，在对孩子训练薄厚分辨时，采用的教具是一套从厚到薄的 10 个棱柱体。这 10 个棱柱体的规格是：最大的底边长 10 厘米，其余依次递减 1 厘米，长度都是 20 厘米，颜色是深褐色。孩子玩时，把它们撒在小地毯上，弄乱后按其薄厚顺序一块挨着一块摆好，注意其长度完全一样，这一套棱柱体构成一个梯形形状，从低到高，一步比一步宽，孩子们可以随意从薄的开始或从厚的开始，这项练习的检验不像圆柱镶块那样明显，大圆柱不可能插入小圆孔，较高的圆柱会突出孔板的表面等等。而在大楼梯的游戏中，孩子的眼睛就很容易发现错误，因为如果排列错误，楼梯就呈不规则状，不是一个台阶比一个台阶高，而是高台阶后出现低台阶。

　　在孩子熟悉这套教具之后，老师就可以让孩子对薄厚的概念进行练习，如同前面的训练一样。要注意，要以不同声调重复"薄、厚"，既要声调明快，又要发音清晰。"最薄的，最薄的，最薄的；最厚的，最厚的，最厚的。"

——摘自《蒙台梭利幼儿教育科学方法》

专家解读 ❖

如果孩子在训练过程中没有出错的话，家长便可以引导孩子说出相应训练概念的名称。家长可以问："这个蛋糕是什么样的？"孩子就应该回答："厚的。"如果孩子发音不是很准确的时候，家长可以打断孩子的话，教他怎样正确、清晰地发这个音。先稍吸一口气，然后大声说："厚的。"在孩子发音的时候，家长可以注意他具体的发音缺陷，或者某种已习惯的特殊的发音方式。这个不只是在薄厚的训练中可以进行，在很多训练中，都应该注意孩子发音的问题，并及时地矫正。

游戏配合 ❖

游戏名称：优秀的蛋糕师

适用年龄：3~4 岁

游戏目的：让孩子了解薄厚的概念，认识薄与厚的不同。

游戏方式：

Step 1

准备一盒橡皮泥。

Step 2

妈妈和孩子扮演"蛋糕师"，"蛋糕"的制作材料就是橡皮泥。

Step 3

妈妈和孩子分别制作一个一层的"蛋糕"和三层的"蛋糕"。

Step 4

制作完成后，把做好的"蛋糕"进行比较，看哪个厚，哪个薄。

Step 5

妈妈还可以和孩子一起多做一些"蛋糕"，让孩子按照厚薄的不同进行排序。

☆家长观察笔记

_____

_____

_____

_____

_____

_____

_____

Part 2

提升儿童对不同事物的辨别能力

01 不同颜色对儿童的刺激

　　有一天，在"儿童之家"我看到一个小男孩在做图画练习，选用彩色铅笔描一棵树的轮廓。在对树干进行涂色的时候这个孩子选用的是红色的彩笔。旁边有个教师看到了就想要干预孩子，我制止了她，继续看着孩子把树干涂成红色。这幅图对我们很宝贵，它表明孩子还没有成为周围环境的观察者。我对待这种问题的方法是鼓励孩子多做色彩游戏来增强色感，让他每天和其他孩子一道走入花园，可以随时看到树干。例如，感觉练习已经使孩子自发地注意到周围颜色，那么在某一欢乐时刻，正像前面讲的那个孩子在玩的时候突然发现天空是蓝色的一样，他也会发现树干是褐色的而不是红色的。的确，这位老师继续让那个孩子描树的轮廓时，有一天，他运用褐色铅笔来描树干了，而把树枝和树叶描成绿色。随着孩子观察次数的增加，他把树枝也描成褐色，只把树叶描成绿色了。这就是孩子对他周围事物的颜色进行了更为细致的观察。

　　这样，我们就考察了孩子的智力发展进程。我们培养观察者是要教给他们观察的能力和方法，不是简单地靠说"观察吧"就行。在感觉训练中我们就培养孩子这种能力和方法。孩子这种能动性被激发，自我训练就得到保证。因为经过良好训练就会获得精确感觉，会使孩子更仔细地观察环境。这样，变化无常的环境就会吸引儿童的注意力，进一步培养儿童的心理感觉。

——摘自《蒙台梭利幼儿教育科学方法》

专家解读 ◆

虽然说在感觉训练的视觉训练中，已经对孩子认识颜色进行过训练，但那是将某些颜色单独取出来进行训练的，这种感觉训练对颜色的训练并没有特别好的效果，要让孩子更深刻地认识颜色，应该对孩子进行更深层的着色训练，也就是对完整的轮廓图形填色。孩子必须选择颜色填描，这也可以表明，孩子是否已观察到他周围的这种东西的颜色，成为一个真正的观察者。

游戏配合 ◆

游戏名称：我的彩色跳棋

适用年龄：3~4 岁

游戏目的：让孩子可以区分不同的颜色，并且按照物体的颜色进行分类。

游戏方式：

Step 1

准备一副有 6 种不同颜色的跳棋。

Step 2

将跳棋的图纸铺在桌面上，妈妈先摆放一个颜色的棋子，让孩子观察是怎么摆放的，以及摆放位置。随着摆放，读出相应棋子的颜色。

Step 3

随后让孩子在跳棋棋子的盒子中取出和某个阵角上颜色一致的棋子，摆放到阵角内。

Step 4

直到将所有棋子全部摆放在棋盘上，妈妈再进行检查。

☆家长观察笔记

02 提高儿童区分轻重的能力

 **蒙台梭利老师怎么说** ◆

做一般感觉的练习我们通常采用"瞎子游戏"这种方式，就是将孩子的眼睛蒙起来，用手感觉物体的某一性质。

在进行重量训练时，让孩子坐在桌前，首先，让他观察做重量感觉训练时所用的木板，再让他试一试已经知道的重量差别，然后，告诉孩子："把深色的、较重的木板放在右手边，把浅色、较轻的木板放在左手边。"这时蒙上孩子的眼睛，让他继续做游戏：每次一只手一块，有时拿到两块同样的颜色；有时拿到不同的颜色，但正好与他要放在桌子上的位置相反。这个游戏非常吸引儿童，例如，当这个孩子手里拿到两块浅色的木板，拿不定主意在左右两手中不停地交换，周围的孩子就会非常焦急地看着，当他最后还是把两块都放到左边时，他们长长地出了口气，表示他们终于松了口气。游戏正确做完后，小伙伴的欢呼声也给大家留下一种印象：他们的小伙伴能用双手区分出不同颜色的木板了。

——摘自《蒙台梭利幼儿科学教育方法》

专家解读

　　幼儿教育的目的在于帮助儿童智力、精神和体格得到全面的自然发展，而不是把幼儿培养成为一个学习的机器。所以，我们在提供给孩子适合于促进他的感受发展的教材之后必须等待，让他的观察力自然发展并达到自觉的程度，这正是教育的艺术所在。教育者应该知道怎样衡量帮助儿童个性发展的行动。具有正确态度的教师，很快就会发现孩子们个性的差别，正是这种差别要求教师使用各种不同的帮助方式。有些孩子可能根本不需要她的干预，而有的则要求她及时指教。所以，教学必须严格遵照最大限度减少教育者的积极干预原则。

　　在孩子进行轻重感觉训练的时候，需要教师最大程度减少外界对孩子的干扰，最大程度将孩子的压觉隔离出来，使孩子的意识集中在这一点。

游戏配合

　　游戏名称：木板回家

　　适用年龄：3~4 岁

　　游戏目的：让孩子可以区分轻重，并按照轻重分类。

　　游戏方式：

Step 1

　　准备一个眼罩，一套长方形木板教具，教具是由一些形状、大小相同，但颜色和重量不同的长方形木板构成。

Step 2

父母向孩子说明游戏规则：让孩子按照木板的重量，将重一点的木板放在右边，将轻一些的木板放在左边。

Step 3

孩子坐在放着不同颜色的木板的桌子旁，父母给孩子带上眼罩。

Step 4

孩子用手掂重量，来区分木板的轻重。在这个过程中，父母不影响孩子，不催促。

☆家长观察笔记

03 锻炼儿童的粗细辨别能力

 **蒙台梭利老师怎么说** ❖

　　在儿童之家我们为了锻炼孩子辨别粗细的能力，一般所使用的教具是，孩子已经玩很长时间的三套立体教具中的第一套。教师把其中所有的等高的圆柱体选出，将这些圆柱体按照由粗到细的顺序，在桌子上排成一排。然后，教师拿出最粗的那个圆柱体，说道："这是最粗的。"接着，拿出最细的那根圆柱体，说道："这是最细的。"她把最粗的和最细的两个圆柱体并排放在一起，以便对比更加明显，让孩子观察。然后将这两个圆柱体的底朝向孩子，让孩子比较它们的底，注意其差别。随后，将圆柱体立着并排在一起，表示其高度相等，并反复说几次"粗——细"，做完这些以后，教师可以把这两个拿走，然后用剩下的圆柱体中最粗和最细的重复这种练习直到把所有的圆柱体练习完为止。

　　在所有的圆柱体都练习完之后，教师应该紧跟着检查一下，问道："把最粗的给我，把最细的给我。"最后，她还应该检查一下名称，问道："这是什么？"然后，教师可以随意从镶框中取出一个，说"请把比这个粗一点的给我"或"请把比这个细一点的给我"。让孩子进行一个更为系统的粗细比较。

——摘自《蒙台梭利幼儿科学教育方法》

专家解读 ❖

这个游戏是一个比较游戏，主要是对孩子的视觉训练，也是孩子智力教育的范畴。

这个游戏是对孩子感知粗细的训练，但并不局限于我们之前所训练的区分两个物体之间的区别，而是在一组相关物体中，进行比较和筛选，这就对孩子的视觉训练更为系统。所以，在对孩子进行训练的同时，我们可以随着训练次数的增加，对孩子的训练难度也相应增加，拓宽孩子的视线，不只是局限于两个物体之间的比较。

游戏配合 ❖

游戏名称：制作望远镜

适用年龄：3~4 岁

游戏目的：让孩子理解粗细的概念，并且可以按照一定的顺序进行排序。

游戏方式：

Step 1

准备 5 张长度为 10 厘米，宽度分别为 10 厘米、9 厘米、8 厘米、7 厘米、6 厘米的彩纸，一卷胶带，一把剪刀。

Step 2

妈妈和孩子一起做，手拿着彩纸长的一边沿着高度卷彩纸。然后，用剪刀剪适当长度的胶带，将彩纸对接的地方用胶带粘好。

Step 3

将制作好的纸筒放在桌子上，让孩子从中找出最粗和最细的纸筒。

Step 4

让孩子将这 5 个纸筒按照由粗到细的顺序相互嵌套在一起，制作成一个能伸缩的望远镜。

☆ 家长观察笔记

04 分类角度的培养

　　分类练习是儿童认识这个世界的一个必要的过程，在儿童成长过程中，随着时间的推移，他们就会自发地进行一些简单的分类整理，比如说，儿童会把自己的玩具放在一起，将餐具放在餐桌，这些都是分类。在儿童之家，孩子们也会将教具进行一个简单的分类。孩子们在做分类练习时，会应用到很多感官训练常用到的教具，比如说，训练辨别轻重时用到的长方形木板，练习辨别颜色时用到的 64 块不同颜色的木块，等等。所以说，教具并不一定仅限于应用在训练某一项能力上，是可以重复应用到不同方面的训练上。

　　在进行分类练习时，可以让孩子按照不同的方面进行不同的分类。比如说可以按照物体某一个部分的特征分类，可以按照颜色分类，按照大小分类，等等。为了锻炼孩子的分类能力，我们不仅使用了传统的教具，还使用了生活中孩子身边的物品，让孩子更加深入地认识分类的定义，在头脑中建立"集合"的概念。

——摘自《蒙台梭利幼儿科学教育方法》

专家解读 ◇

分类练习其实是在之前所有练习基础上的一个升华。之前，我们训练孩子对大小、高矮、长短、薄厚、颜色等的认识和区别，是在一个比较小的范围，并且只是单纯地针对某一种性质的一个相对概念的训练。而分类就是在这些所有的基础上进行的，将儿童对这些性质的认识进行总结的一个练习。

家长在对孩子进行分类训练的时候，不可以操之过急，要让孩子的认知从某一性质到某一类性质上获得进步，也就是要由量变引起质变。从孩子的生活所接触的物品和孩子感兴趣的东西入手，练习也会事半功倍。

游戏配合 ◇

游戏名称：不一样的卡片

适用年龄：3~4岁

游戏目的：让孩子认识分类，学会从不同角度进行分类。

游戏方式：

Step 1

准备8张不同花色不同形状的卡片。按照每一行四张卡片排列在桌子上。

Step 2

让孩子观察摆放在桌子上的卡片，并描述卡片的特征。

Step 3

等孩子描述完卡片的特征后，妈妈让孩子按照卡片的颜色、卡片的花型、卡片的形状分别进行分类。

Step 4

孩子按照不同的分类角度进行分类，妈妈要将每次的分类结果进行描述，并且记录下来。

☆家长观察笔记

_____

_____

_____

_____

_____

_____

_____

05 让儿童明白分类的包含关系

 **蒙台梭利老师怎么说** ◆

　　随着孩子对分类练习越来越熟练的时候，孩子就会产生一个疑问，就是"为什么小木块没有木块多？""为什么花裙子没有裙子多？"因为在孩子的意识里，他更希望自己喜欢的东西比较多，甚至希望所有的东西都是自己所喜欢的。这里面就会有孩子的一个认识和心理的问题。这些在这里我们不做讨论，我们要做的是告诉孩子"为什么花裙子没有裙子多？"裙子和花裙子的包含关系。

　　包含关系，对于孩子来说只要明白"花裙子的数量少，而裙子的数量多"。也就是"裙子"是一个集合的整体概念，而"花裙子"只是"裙子"的一部分。

——摘自《蒙台梭利幼儿教育科学方法》

 **专家解读** ◆

　　包含关系是一种相比大小、轻重来说更为抽象的概念，这就需要我们在生活中对

孩子进行渗透式的教学。比如说，家长带孩子去公园，孩子就会发现公园里有很多漂亮的花，这个时候孩子只有花这个概念，也就是整体，不管是桃花还是海棠花，在孩子眼里都是漂亮的花，因为孩子的认知有限，并且现在还没有分类的概念，当孩子接受能力日渐增加，家长就不是简单地告诉孩子这是一朵花，而是可以对孩子说"这个是樱花"，"这个是桃花"，等等。

我们一直就讲教育是一个循序渐进的过程，尤其是讲比较复杂的关系和概念的时候，我们应该给予孩子更多的耐心。当孩子好多次指着同一朵花，不停地问："这是什么花呢？"我们都应该很耐心地重复告诉孩子，直到孩子不再发问。

游戏配合 ❖

游戏名称：漂亮的花裙子

适用年龄：3~4岁

游戏目的：让孩子深入了解分类的概念，了解分类包含的关系。

游戏方式：

Step 1

准备 9 个画着不同款式，不同花色，不同颜色的裙子卡片，按照一排 3 个排列到桌子上。

Step 2

引导孩子认真观察桌子上的裙子的图片，按照一定的特征分类，总结有几种分类方法。

Step 3

孩子说出一个分类的标准，并按这个标准进行分类，妈妈将结果记录下来。

Step 4

等孩子按照类别分类完成之后，妈妈问孩子："是裙子多呢，还是带花的裙子多呢？"

Step 5

孩子说："裙子多。"这时候，给孩子足够的时间思考"为什么是裙子多"。如果孩子不明白，妈妈就要告诉孩子裙子是一个集合的总体概念，而带花的裙子只是其中一部分。

☆ 家长观察笔记

Part 3

探索图形，提升
儿童的几何能力

01 儿童对不同几何图形的认识

 **蒙台梭利老师怎么说** ◆

　　在儿童之家，在儿童识别形状阶段，镶块练习是最适合的训练。镶块练习的初级阶段，就是将不同的形状放入对应的位置。

　　进行镶块练习时，给孩子一个里面放着我们想要他们练习的形状的大框子或者托盘。将镶块取出来，打乱放在桌上，让孩子试着把镶块放回到对应的位置上。在第一次练习的时候，许多孩子要经过多次尝试后才能成功地放对镶块。例如，拿着三角形先往梯形、矩形等图形里放。或他们已拿着一个矩形，也识别出该往哪里放，但仍然把它的长边塞进短边处，只有经过几次尝试才能成功。通过不断的练习，让孩子可以轻松识别形状，甚至可以直接放入到相应的位置。

　　同时，也可以配套进行硬卡片训练。我们给孩子木制镶块和贴着相应形状的蓝色纸片。将硬纸片打乱，让孩子们按照自己的喜好把它们排成一排，然后把相应形状的木制镶块放在硬纸片上。这个练习是要孩子用眼睛来控制的，孩子必须识别形状，并用木块盖上，与硬纸板的形状完全吻合。这里孩子的眼睛相当于镶框，它首先把两件东西联系起来。除了要覆盖图形，孩子还会触摸纸板上的图形，这也是练习的一部分，然后放上木块，再用手指触摸轮廓上面的木板准确地盖住下面的图形。这样就将孩子的视觉和触觉联系起来，形成一个整体，来识别形状。

——摘自《蒙台梭利幼儿教育科学方法》

专家解读 ◆

这种游戏的优点在于适用范围广，对 3 岁以下的孩子也适用，并且可以使孩子长时间地保持兴趣，但是，还是没有玩圆柱体游戏时保持的时间长。事实上，几乎没有一个孩子玩这个游戏可以重复 5 次或 6 次以上。因为，孩子玩这个游戏确实很费劲，他必须识别形状，仔细观察。

游戏配合 ◆

游戏名称：镶块小游戏

适用年龄：3~4 岁

游戏目的：锻炼孩子分辨不同几何图形的能力。

游戏方式：

Step 1

准备一套镶块的教具。将教具中的镶块从方框中取出，打乱放在桌子上。

Step 2

孩子认真触摸镶块和镶块的框，等孩子对教具有一定程度的熟悉感之后，继续游戏。

Step 3

让孩子将相应的镶块放入到镶框中。孩子拿着一个镶块，在好多框里试，经过几次错误之后，将镶块放入到正确的框中。

Step 4

经过一段时间的练习后，适当增加难度。妈妈可以选择一些形状相似，但大小不同的镶块进行练习。

☆家长观察笔记

02 增强儿童对几何图形的区分能力

当镶块训练进行三四次后，孩子就可以很熟练地识别几何形状，甚至漫不经心地把镶块放到对应的位置上。当孩子表现出这种练习太简单的时候，就到了引导孩子系统观察几何形状的时机。

这时，我们就需要将孩子的视觉和触觉系统联系起来，让孩子养成在看一个形状的时候对其轮廓进行触摸的习惯。由于孩子很喜欢触摸东西，所以养成这一习惯并不难。让孩子用右手食指分别触摸镶块的轮廓，和相应的镶框的轮廓。我已经知道，在各种感觉激励形式中，肌肉感觉记忆最先发展。所以说，许多孩子还未具备视觉识别物体的能力的时候，只能靠触摸识别，即通过触摸估量物体的轮廓进行识别该物体。所以在孩子出现混淆时，只要他触摸镶块和镶框的轮廓，他们就能很快成功，而不是徒劳地试来试去。无疑，联合使用触觉和视觉会大大帮助孩子对形状的感知，并固定在记忆中。

在对应的硬纸片练习中，我们使用第二套和第三套进行训练。第二套是一些硬纸片和相应形状的木制镶块。用蓝色纸片剪成的轮廓重复这些形状。这项练习的目的是，让孩子对形状的感知从具体过渡到抽象。因为，起初，孩子只能操作固体物体，接着通过卡片过渡到可以操作平面图形，进而过渡到线条，但这种线条不是几何平面图形的抽象轮廓，而是孩子常用食指运动的路线，这条线是运动轨迹。第三套硬纸片上面的图形是用黑线画出的，像前面一样，给孩子相应的木块。这时他对物体的理解已经真正过渡到线条，即过渡到抽象了，而且也有了运动结果的概念。当儿童完成遮盖相应的木制镶块图形练习时，这些表征物体就被引入儿童的内心。

——摘自《蒙台梭利幼儿教育科学方法》

专家解读 ◈

镶块练习的优点是检验是绝对的，因为练习所用的是固定镶块，镶块只能镶入对应的镶框内。这使孩子们能自己工作，在形状的视觉、触觉中完成真正的感觉自我训练。

游戏配合 ◈

游戏名称：插片练习

适用年龄：3~4 岁

游戏目的：让孩子进一步熟悉几何图形，认识更多的图形。

游戏方式：

Step 1

准备一个"小橱柜"教具。它是一个带有 6 层抽屉的小橱柜，每个抽屉内都有一个带着 6 个方格的方框，每个方框内嵌着 6 个带圆顶把手的几何图形镶块。

 **Step 2**

将橱柜内所有图形拿出来放在桌子上，打乱顺序。

Step 3

拿出一层方框，让孩子快速看一眼桌子上的镶块，从中选择出合适的镶块，放在对应的图形方框内。

Step 4

经过一段时间的练习，孩子能准确地把相应的镶块放到方框中时，孩子就可以很好地区分不同的几何形状了。

☆家长观察笔记

03 图形差异的观察比较

 **蒙台梭利老师怎么说** ❖

　　在儿童之家，当孩子能够正确区分几何镶块的形状时，教师就可以给孩子上名称课了。在上名称课的时候，教师只是将最常见的名称教授给孩子，比如说正方形、圆形、长方形、三角形、卵形，并不是所有名称。

　　接下来就是对形状差异进行比较。

　　教师应该从两个对比鲜明的形状开始教授，比如正方形和圆形；接下来要对相似图形进行对比，比如长方形和正方形。我们要让孩子注意，长方形有的窄而长，有的则短而宽，而正方形的四条边都一样，只有大小不同。用镶框可以很明显地表示出来：把正方形转一个方向，它仍然能放入镶框中；但长方形却不能。如果孩子对这个练习很感兴趣，我们还可以让孩子做难度升级的训练，在一个方镶框里放一个正方形和一组最长边等于正方形的边长，而一边则逐渐缩短的长方形。

　　我们同样利用镶框练习，来表示出圆形、椭圆形、卵形的区别：圆形不管怎么放，怎么旋转都能放入镶框里去；椭圆形如果横着放不进去，那么竖着就能放进去；然而卵形不仅横放放不进去，即使竖着放入，头的方向不对也放不进去，因为卵形两头大小是不一样的，它只能在大的一头对着镶框孔大的一头，小的头对着镶框孔小的一头，才能放得进去。

我们要明白，观察形状和分析形状是不一样的。对于幼儿来说，观察形状早已渗透在生活中，比如孩子每天坐在桌子旁边吃饭，桌面可能是长方形的，盛饭的盘子是圆形的。但是对于形状的名称，就像孩子学叫其他东西的名字一样，不是单纯的圆盘、方桌之类的，所以容易让孩子混淆。

——摘自《蒙台梭利幼儿教育科学方法》

专家解读 ♦♦

家长在对孩子进行镶块练习的时候，要注意孩子的兴趣度，因为教授形状的区别，并不是适合所有孩子，比如卵形和椭圆形的区别，要在训练最后阶段才揭示出来。当孩子表现出对那些形状特别感兴趣、经常爱做这种游戏，或者是孩子问及它们的区别，这时候再进行解释，因为孩子自发地认识这些区别才是最好的。

游戏配合 ♦♦

游戏名称：图形大比较

适用年龄：3~4 岁

游戏目的：让孩子观察不同图形之间的差异，掌握一些常见图形的名称。

游戏方式：

Step 1

准备一个正方形和圆形的镶块和相应的镶框。

Step 2

让孩子对比圆形镶块和正方形镶块，观察不同。

Step 3

让孩子将正方形镶块放入镶框中，然后，让孩子将正方形取出，调换方向重新放入镶框内，发现正方形还是可以完全放入镶框内。

Step 4

妈妈抓住机会告诉孩子："正方形的四条边是一样长的，所以正方形只有大小，没

有长短。"

同样将圆形镶块放入镶框中，并且拿出旋转后重新放入，让孩子发现还是可以完全放入镶块内。

拿出椭圆形镶块，采用相同的方法，比较圆形和椭圆的不同。

☆家长观察笔记

04 强化孩子对对称概念的理解

 **蒙台梭利老师怎么说** ❖

　　一些看似比较枯燥的数学概念，在生活中却无处不在，这些概念虽然不适合教给儿童，但是在生活中，我们却可以处处渗透。孩子作为社会的"观察者"，会在无意当中发现一些新鲜的东西，而这些新鲜的事物就会涉及一些数学概念。比如在"儿童之家"，一个孩子在花园内看到花，孩子通过认真观察，发现花朵是四瓣的，而且每一瓣都是一样的，这让他为自己的发现感到很开心，这就是孩子已经开始了对"对称"的探索。

　　为了让孩子了解对称的概念，在"儿童之家"，老师一般是利用身边的物品来让他们学习，比如让孩子通过照镜子观察自己的身体，从中发现一些对称的地方，或者是使用一些对称的教具，让孩子自己观察比较。通过这样事物的教授，孩子就会渐渐明白对称的概念。在日常生活中，孩子就会自发地去发现一些对称的事物，并且对自己的发现感到很自豪，认识到生活中有很多对称的图形。

　　　　　　　　　　　　　　　　　　　——摘自《蒙台梭利幼儿教育科学方法》

专家解读

　　生活中对称处处都有，除了我们认识自己的身体之外，一个最好的方式就是剪纸，在最开始的时候，妈妈可以用一些彩色的纸剪一些孩子已经学过的对称的图形，比如说，用纸对着剪一个圆形，妈妈展开后，孩子已经学过图形，就会说"这是个圆"。然后，再对折起来看，孩子就会发现两边都一样，妈妈就可以和孩子说："圆和我们一样，都是对称的。"孩子就会很感兴趣地自己动手来剪更多的对称图形。

　　孩子动手能力会越来越强，孩子会模仿大人的行为动作，这就需要我们注意孩子的安全问题，剪纸的剪刀要用专用剪刀，避免孩子受伤。

游戏配合

游戏名称：照镜子

适用年龄：3~4 岁

游戏目的：让孩子通过观察初步了解对称的概念。

游戏方式：

Step 1

准备两面落地的大镜子，镜子内尽量不要出现其他杂物。

Step 2

让孩子和妈妈分别站在一面镜子前，从头到脚认真观察自己的身体。

妈妈说："我左右两边都有眼睛、耳朵……" 孩子通过听妈妈说，也学着说："我左右两边也都有眼睛、耳朵，还有手……"

通过妈妈的引导，孩子观察发现自己身体有些部位是对称的，进而初步感知对称的概念。

☆**家长观察笔记**

Part 4
锻炼儿童的
立体感知能力

01 图形认知的升华

蒙台梭利老师怎么说 ❖

　　立体感觉的训练是通过促使孩子触觉和肌肉感觉的结合，来帮助孩子识别物体。我在这种联合感觉的基础上进行了实验，获得了可喜的教育成果。为了帮助教师对幼儿的教育，我介绍一些训练方法。

　　我们的第一套教具是由 24 块福禄贝尔砖块和 24 块立方块组成。第一步是让孩子注意这两个物体的不同形状，要他们睁着眼睛仔细准确地观察这些物体，并反复用语言提醒他们"把注意力集中在物体各自特点上"。第二步是告诉孩子把立方块放在右边，把小砖块放在左边，只是触摸，不用眼睛看。最后，让孩子蒙住眼睛，再重复这种练习。在练习中几乎所有的孩子都能做好这个练习。经过两三次后，他们能够完全不出错。由于需要练习的次数比较多，通过这个游戏便能使孩子保持一定时间的注意力，并且还有一群热情的感兴趣的伙伴观看，大大增添了孩子的乐趣。

　　在这个练习中，不同的孩子有不同的反应，有的孩子是先感觉形状，有的孩子是先识别物体，年岁小的孩子更倾向于先感觉物体的轮廓。这种练习不仅能训练孩子迅速判断的能力，并且具备完全适合幼儿的优点。

——摘自《蒙台梭利幼儿教育科学方法》

专家解读 ❖

　　通过触摸感觉练习立体感，可以使孩子在识别物体的同时得到快乐。在生活中，还可以让孩子通过各式各样的方式进行练习，也可以使用不同物体，如孩子日常生活常接触使用的任何小物体：玩具小车、小球，此外还可以使用各种硬币。也可以让孩子区别一些差距较小的物体，如小麦和大豆。对于不需要用眼睛就能区分各种物体这件事，孩子是很自豪的。

游戏配合 ❖

　　游戏名称：不一样的立体模型

　　适用年龄：4~5岁

　　游戏目的：锻炼孩子的立体感知力，分辨不同的立体模型。

　　游戏方式：

 **Step 1**

　　准备球体、长方体、圆柱体和圆锥木块各一个，准备一套形状相应的橡皮泥块。

Step 2

让孩子坐在桌前，仔细观察这些立体模型。

Step 3

让孩子戴上眼罩，用手触摸这些形状，摸到相同形状的立体模型时，将木质的放在右手边，橡皮泥的放在左手边。

Step 4

然后给孩子摘掉眼罩，让孩子检查是否正确。可以多锻炼几次，直到孩子可以轻松分辨所有立体模型。

☆**家长观察笔记**

_____

_____

_____

_____

_____

_____

_____

02 深入认识体积概念

 **蒙台梭利老师怎么说** ◆

在孩子接触到立体几何时，必然会涉及物体体积的概念。为了让孩子明白体积是怎么一回事，我在教孩子时，采用的是粉红塔教具。这套教具在识别物体大小时我们已经用过，孩子们非常熟悉。

粉红塔教具包括 10 个大小不同的粉红立方体。这些立方体的边长是根据一定规律逐渐增减的，第一个立方体的边长为 1 厘米，第二个为 2 厘米，第三个为 3 厘米，以此类推，第十个则为 10 厘米。这些立方体的体积存在某种关系。我给孩子提供了比较多的边长为 1 厘米的立方块，让他们分别拿边长为 1 厘米的立方块拼成边长为 2 厘米、3 厘米的立方块，将边长为 2 厘米的立方块放在左手边，在右手边照着左手边的立方块用单元立方块进行拼接，拼完后再进行对比。这个游戏可以让孩子专注更长的时间。

在这个游戏中，孩子不仅知道 8 个边长为 1 厘米的立方体才能构成一个边长为 2 厘米的立方体；27 个边长为 1 厘米的立方体才能构成一个边长为 3 厘米的立方体。他建立了空间的概念，会自己主动地前后、左右、上下查看自己拼得是否正确。

——摘自《蒙台梭利幼儿教育科学方法》

专家解读 ❖

涉及立体几何的游戏，除了要教授孩子相应的几何概念，更主要的还是要培养孩子的空间想象能力。采用粉红塔教具，我们用单元立方块（即长宽高均为 1 厘米的立方体块）来拼其他大小的立方块，可以让孩子很好地建立空间想象能力，让孩子知道，除了自己眼睛看到的，还有很多是看不到的，或者是需要换个视角才能看到的，孩子在明白立体构造之后，才能对体积有更深刻的理解。

游戏配合 ❖

游戏名称：会变魔术的橡皮泥

适用年龄：4~6 岁

游戏目的：让孩子认识体积的概念，了解体积的意义。

游戏方式：

Step 1

和孩子一起选择两块一样大小、一样颜色的橡皮泥。

Step 2

把两块橡皮泥放在桌子上，让孩子仔细观察这两块橡皮泥是不是一样大。

Step 3

然后妈妈将其中的一块橡皮泥捏成球体，另外一块橡皮泥保持原样，完成后，放在桌子上，让孩子观察两块是不是一样大。

Step 4

然后妈妈再将球状的橡皮泥捏成长条状，让孩子对比观察是不是一样大。

Step 5

让孩子动手用橡皮泥捏一些其他形状，再做比较，发现还是一样大。这时妈妈可以告诉孩子："虽然这些物体形状不同，但是由于用的是相同大小的橡皮泥，所以体积还是一样的。"

☆家长观察笔记

03 建立儿童的抽象容积概念

 **蒙台梭利老师怎么说** ❖

在数学学习中，立体几何都是空间概念，对于儿童来说是相对比较难的。在"儿童之家"对儿童进行容积概念的介绍也要根据孩子的能力和接受程度进行。只有对一些立体感比较强的孩子，教师会设置一个简单的游戏，引导孩子对容积有一个简单的认识。

游戏是这样的：准备形状不同，大小不同的杯子5个，用量杯选取一样量的水，分别加入这些杯子中。当所有杯子内都装上相同多的水后，将它们排成一列让孩子进行观察，孩子会发现有些杯子内的水很少，而有的杯子内的水都快要溢出来了。孩子就会自己去观察这些杯子有什么不同，就会很容易发现杯子大小不同，或者是杯子的形状不同。这时，教师就可以适当地引入容积这个概念。通过这个简单的游戏，孩子很快就发现了其中的奥秘，原来这是因为杯子大小不同造成的，从而让孩子体验到容积的概念。

——摘自《蒙台梭利幼儿教育科学方法》

专家解读 ◆

　　这个游戏并不适合年龄比较小的儿童，除了因为立体概念孩子还不具备之外，这些游戏还会有些比较精密的操作，有些孩子的发育还没有到这个程度，这样，会对孩子和家长造成困扰。

　　对于一些可以很好地掌握这个实验的孩子，为了增强实验的趣味性，我们可以采用一些生活中孩子喜欢玩的东西，比如沙子。当然，我们也可以不进行对比实验，可以在生活中不断给孩子渗透容积的概念，如告诉孩子一壶水大概有1升，一瓶矿泉水有500毫升左右。

游戏配合 ◆

游戏名称：量米游戏

适用年龄：4~6岁

游戏目的：让孩子认识容器的容积。

游戏方式：

Step 1

准备一些大米，4个形状不同的透明瓶子，一个漏斗，一个塑料小碗。

Step 2

妈妈说："现在我们分别在这四个瓶子中装上一碗米。"孩子要把漏斗都放在瓶口，把一碗米通过漏斗倒入瓶内，在倒米的过程中，让孩子尽量不要把米洒出来。

Step 3

当每个瓶子装好大米之后，妈妈将 4 个瓶子并排放在桌子上，让孩子观察瓶内的大米，看哪个瓶子里的米多，哪个瓶子里的米少。

Step 4

妈妈在旁边提醒孩子："我们每个瓶子里装的都是一碗米，说明米是一样的，为什么装到瓶子里就不同呢？"让孩子认真思考，这时孩子会发现瓶子的形状不一样，瓶子有的粗，有的细，有的还有"大肚子"。

☆ **家长观察笔记**

04 引导儿童对边角进行探索

 **蒙台梭利老师怎么说** ◆

前面我们说过，几何图形分析不适用于年幼的孩子。我曾试过用一种方法来引进各种分析教育，但是只局限于长方形，并要用游戏的形式进行。这种游戏中包括几何分析，但又不把孩子的注意力固定在分析上面，在游戏的过程中提供了非常明确的概念。

在这里我们使用的长方形是孩子们使用的长方形餐桌。游戏是"摆桌子进餐"。我们每个"儿童之家"都有一套在玩具店就能买到的玩具餐具。我们日常生活中使用到的餐具都有，比如说有菜盘、汤盘、汤钵、盐瓶、玻璃杯、小口瓶、小刀、小叉、小匙，等等。首先，我叫他们摆好 6 个人用的餐具——桌子长边各摆两套，桌子短边各摆一套。一个孩子按照我的指示去摆。接着，我叫他把汤钵摆在桌子的中央，餐巾摆在桌子角上，把餐盘摆在短边的中间。

然后，我叫那个孩子看着桌子，我说："这个角上还缺点东西，在这一边我们还要摆一个杯子。我们检查一下，两条长边是不是都摆齐了，在短的两边都摆齐了吗？四个角上还缺点什么东西吗？"

我认为6岁以下儿童不能做比这复杂的分析，因为我认为总有一天孩子应该自己拿起平面镶块，自发地开始去数它的边和角。当然，如果我教给他们这些概念，他们也可能学会，但仅仅知道名称，而没有应用的经验。

——摘自《蒙台梭利幼儿教育科学方法》

专家解读

在幼儿教育的过程中，最重要的是要注意孩子的积极性和接受程度，如果某些知识概念孩子还没有做好消化吸收的时候，是不应该强行教给孩子，尤其几何分析图形是一项很难的课程，对年龄较小的孩子是不适合的。如果采用的方法不当，会打击孩子学习几何的积极性。甚至在多年以后，孩子真正学到几何的时候，还会有抵触情绪。

游戏配合

游戏名称：布置餐桌

适用年龄：4~5岁

游戏目的：让孩子初步进行几何分析，了解长方形的边、角和中心。

游戏方式：

Step 1

准备一张长方形餐桌，几套玩具餐具，让孩子按照6个人的标准布置餐桌。

Step 2

让孩子在桌子较长的两边分别摆放两套餐具；在短边上摆放一套餐具。

Step 3

让孩子将汤钵放到桌子中心，将餐巾放在桌子角上。

Step 4

等孩子放完这些物品后，让孩子把一个盘子放在桌子较短一边的中间位置上。

Step 5

让孩子认真观察桌子上的物品，还差什么，让孩子把玻璃杯放到桌子的某一个角上。

Step 6

让孩子再认真观察一下桌子，对孩子说："我们检查一下，两条长边是不是都摆齐了，在短的两边都摆齐了吗？四个角上还缺点什么东西吗？"

☆ 家长观察笔记

Part 5

通过数字让
儿童了解数学

01 激发儿童计数的兴趣

 **蒙台梭利老师怎么说** ◆

　　大多数 3 岁的儿童数数已经能够数到 2 或 3 了，刚到我们"儿童之家"的 3 岁儿童也能达到这样的水平。所以，在我们的算术教学中，他们能够很容易学会数数。

　　为了让儿童学会数数，我们可以采用很多不同的方式，并且日常生活也为儿童数数提供了很多机会。比如，妈妈可以对孩子说："你的衣服上掉了两颗纽扣。""我们还需要 3 个盘子。"等等。

　　在我们的算术教学中，我最早采用的办法是数钱。我通常会找来一些很新的钞票作为儿童数数的工具，如果条件允许的话，我也会用一些卡片复制成很漂亮的假币来代替，我曾经在伦敦的儿童学校中，见过教师使用这种假币。

　　换钱是一项很有趣的计数活动，儿童们对此项活动乐此不疲。在"儿童之家"教授数数时，通常我会给他们 1 生丁、2 生丁和 4 生丁的硬币，让他们到我这里来换零钱，用这种方法，可以很容易地引导儿童数到 10。

　　在日常生活中，钱币是我们最常见，也是对儿童来说最具吸引力的数数工具。在数数时，使用钱币进行练习，还可以让儿童熟悉日常生活中使用的钱币，这比任何其他的方式和练习都更为实际、更为实用。因为钱币与儿童的日常生活紧密相连，这大大提高了他们的兴趣。所以说，在日常生活中，父母锻炼儿童的数数能力的时候，可以找到儿童的兴趣点，或者是生活中常常接触的东西，比如说吃饭的勺子、公园的落叶、玩具汽车，等等。

——摘自《蒙台梭利幼儿教育科学方法》

 专家解读 ❖

在我国，很多儿童在学前阶段数数就已经非常好了。儿童的数学学习就是从数数开始的，所以说数数在儿童的数学学习过程中扮演着非常重要的角色。一切数学活动都是建立在数数的基础上，也就是说数数非常关键，正如汉语拼音对学习语文的作用是一样的。数数在儿童的生活和学习中都起到不可或缺的作用，家长及教育工作者对儿童数数的教育必须重视，同时还要讲究方式方法，提高儿童的兴趣，进而提高儿童的数学能力。

游戏配合 ❖

游戏名称：数落叶游戏

适用年龄：3~4 岁

游戏目的：让儿童通过对事物的计数，提高儿童的数数兴趣。

游戏方式：

Step 1

不需要准备物品，带儿童到能捡到落叶的公园。

Step 2

和儿童一起动手捡地上的落叶。

Step 3

和儿童一起坐在公园的石凳上，数捡到的树叶。

Step 4

在儿童数数的过程中，父母不要打断儿童，等儿童数完再检查。

Step 5

等儿童数完后，父母随便说出其中一个数字，让儿童数出相应数量的树叶。

☆家长观察笔记

02 对儿童系统数数的训练

通过上文所讲的经验方式教过计数后，我便让孩子们开始更为系统的练习。使用的教具是一套在感觉训练中已经用过的教具，即用来计算长度教学的 10 根棍子。其中，最短的棍为 10 厘米长，最长的为 1 米，把每根棍分为 10 厘米一段，段与段相间交错漆成红色和蓝色。

一天，我们让一个孩子把这些棍按长度顺序摆好后，再让他从最短的一跟开始，数红色和蓝色记号，即 1；1、2；1、2、3；等等。每数一根棍时都要返回到 1，从 A 边开始。然后再让孩子摸着呈阶梯状的边，说出每一根棍由几段组成，从最短的开始。结果依次是 1、2、3、4、5、6、7、8、9、10，与最长一根棍的段数是一样。想要知道棍的数目，就从 A 边数，结果也是 1、2、3、4、5、6、7、8、9、10。这就相当于三角形的三条边，便于孩子自己验证自己的计数是否正确。由于这一练习十分有趣，孩子乐意反复进行。

现在我们把计数练习和上面认识长短棍的感知练习合并起来。先把这些棍混放在地毯上，教师从中选出一根给孩子看，让他说出这根棍的段数，如5段，然后，让孩子按长度顺序凭目测选出下一根，并让他把选出的这根与前一根并放在一起，数出段数，以便查对选得是否正确，这种联系可以用不同种方式反复进行。在这种练习中，可以让孩子们学着给这一长"阶梯"中的每一根棍取一个特定的名称。这里可以叫它们一号棍、二号棍，等等。最后为了方便起见，在课堂上可以简称它们1、2、3，等等。

——摘自《蒙台梭利幼儿教育科学方法》

专家解读 ❖

　　在这里利用三阶段教学方法是指：首先将三根木棒命名为1号木棒、2号木棒、3号木棒。然后，父母将木棒拿在手中或者指着木棒对孩子说："这是1，这是2，这是3。"随后，父母用手指着木棒上红蓝的标记，再次清楚地告诉孩子"1、2，这是数字2。""1、2、3，这是数字3。"这样训练一段时间后，父母可以和孩子说："请给我数字1。""请给我数字2。"孩子能准确地回应后，父母可以指着木棒问孩子："这是数字几呢？"孩子会回答："2。"

游戏配合 ❖

　　游戏名称：彩色计数木棒

　　适用年龄：3~4岁

　　游戏目的：让孩子开始系统学数10以内的数字。

游戏方式：

Step 1

让孩子按照彩色木棒的长短，将木棒排列在一起。

Step 2

让孩子从最短的一根木棒开始，数红色和蓝色的数量，也就是这样数：1；1、2；1、2、3……以此类推。

Step 3

在数每根木棒上红和蓝的标记时，都要从数字"1"开始。

Step 4

数完木棒上红和蓝的标记后，让孩子数一数木棒的个数，孩子同样会得到1、2、3、4、5、6、7、8、9、10。

Step 5

让孩子根据木棒上红色和

蓝色的个数为木棒进行命名，数两个，就命名为 2 号木棒。

我们可以用三阶段教学方法，让孩子对计数有一个清晰的概念。

☆家长观察笔记

_____

_____

_____

_____

_____

_____

_____

03 从数量到书写符号

蒙台梭利老师怎么说 ◆

此时，如果孩子已经会书写，我们便可以用砂纸剪成数字以及数字卡片给孩子学习。所采用的教学方法和教字母的方法一样。我们给出一张卡片，对孩子说"这是1"，"这是2"，"给我1"，"给我2"，"这是什么数？"等等，让孩子们像用手触摸字母一样触摸这些数字。

书写符号和数量的练习：

我设计的那个托盘，每个分成5个小格。每格的底部可以放一张有数字的卡片。第一个托盘里的数字是0、1、2、3、4，第二个托盘里的数字是5、6、7、8、9。

练习很简单，就是按照格子底部卡片上注明的数字，把相应数量的物件放到格子里去。为了变化形式，我便给孩子各种物件，但主要是大木钉，其形状做得使它不至于从桌上滑落下来。我们把一定数量的木钉放到孩子面前，让他放到正确的格子里去，如1颗木钉便相当于卡片上的1。孩子放完木钉后，便把托盘拿给教师看，让教师检查他做得是否正确。

——摘自《蒙台梭利幼儿教育科学方法》

专家解读

从数数到数字符号，是一个从具体到抽象的一个转化过程，在这个过程中我们需要将具体的事物和抽象的数字符号结合起来，不能是单独地写出数字，让孩子记住这是 1、2、3，等等。在这个计数盒的教具中，有个盒子的格内写的是 0，父母要告诉孩子这个盒子里面什么都不放。放木钉时，要从印着数字 1 的格子开始放。

 **游戏配合**

游戏名称：有趣的计数盒

适用年龄：4~5 岁

游戏目的：让孩子将数字符号和数量联系起来，深入学习数字。

游戏方式：

Step 1

准备两个分别有 5 个格子的盒子，盒子格子底部印有数字 0~9 这几个数字，一套木钉。

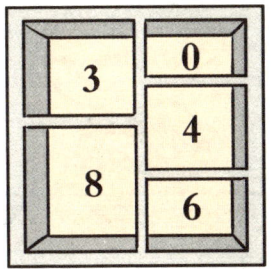

Step 2

把盒子放在桌子上，把木钉放在盒子的右边。

Step 3

妈妈给孩子做示范，一边示范一边说："格子内印着 2，那需要向格子内放两个木钉。"

Step 4

当孩子明白妈妈的意思后，让孩子将木钉按照盒子上相对应的数字放进格子内。

☆家长观察笔记

04 逐步加深儿童对 0 的认识

 **蒙台梭利老师怎么说**

　　我们等到孩子指着卡片上标着 0 的格子问："这一格我该放多少呢？"这时候，我们便回答："什么都不放，0 就是什么都没有。"但是往往这样回答还不够，还必须让孩子理解我们所说的"什么也没有"的意思。为此，我们才用了一个广泛用于吸引孩子的小游戏。我站在孩子们中间，对一个已经用过上述教具的孩子来说："过来，到我这里来 0 次！"这孩子几乎一步一步地朝我走来，然后又走回他原来的地方。我则说道："但是孩子，你来了一次啊，而我是叫你来 0 次！"于是他开始迷惑不解："那么我该怎么办呢？""什么都不干，0 就是什么都没有。""那么怎么做到什么都不干呢？"我便告诉他："你什么都不要做，你必须静静地坐着，你完全不必过来，一次也不要来，0 次就是一次也没有。"反复这样的练习，一直到孩子们理解了为止。后来，当我叫他们来我这里 0 次，或是抛给我 0 个飞吻时，他们都非常高兴地静静地保持不动。他们经常自己叫喊道："0 是什么都没有！ 0 是什么都没有！"

——摘自《蒙台梭利幼儿教育科学方法》

专家解读 ❖

对于三岁左右的儿童，刚开始对 0 这个数字是很困扰的，但我们告诉孩子一次"0 就是什么也没有"的时候，他还是懵懵懂懂的，这时我们就不能只是一味地说这句话，就要将它引入游戏中，这样孩子才能对 0 有更深刻的了解，也不会对数字符号的学习产生厌烦心理。

游戏配合 ❖

游戏名称：有趣的数字 0

适用年龄：4~5 岁

游戏目的：全面理解数字 0 的含义，深入认识数字 0。

游戏方式：

Step 1

在五张纸条上分别写上 0~4，将其对折起来，并准备 15 个木钉。

Step 2

妈妈邀请 5 个孩子坐在桌子周围，让孩子从数字卡中分别

抽取一张数字卡。

Step 3

抽完数字卡后，妈妈告诉孩子："打开卡片，看一看卡片上的数字，看完后折叠好，不要让其他人看到你卡片上的数字。"

Step 4

让孩子记住卡片上的数字，然后按照卡片上的数字从桌子上取相应数量的木钉放在自己前面。

Step 5

等孩子完成后，妈妈让孩子读出卡片上的数字，并且让孩子看看和自己拿到的木钉数量是否一致。

Step 6

妈妈问没有拿木钉的孩子："你为什么没有拿呢？"孩子回答："我的卡片上是数字0，所以我什么也没有拿。"这时，再次对孩子说："0就是什么都没有，这个小朋友做得很正确。"

☆**家长观察笔记**

_____

_____

_____

_____

_____

_____

_____

05 强化儿童对数字的记忆

 **蒙台梭利老师怎么说** ❖

当孩子们已认识书写的数字，已懂这些数字的意义时，我就叫他们做下面的练习。

我从旧日历上剪下数字，把他们贴在纸条上，并把纸条折叠起来放进一个盒子，让孩子从中抓出一个纸条，拿回到自己的座位，打开看一下，然后又折叠起来以保守秘密。然后，让孩子们一个一个地或一组一组地（自然，他们都是班上的大孩子）走到老师的大桌旁，桌上摆着各种各样的小物品，让每个孩子选出与他所抽到的数字一样多的物品。这时因为纸条还留在自己的座位上，还神秘地折叠在那儿，所以孩子们必须记住纸条上的数字，不仅在走向和离开讲桌的过程中要记住，而且在挑选物品、一个一个地数物品的件数时也要记住。这时，教师可以做一次有关数字记忆的有趣的个体观察。

当孩子们把所选出的物品按两个一行摆放在自己的桌上时，老师走过去打开纸条，念出上面的数字，并数出物品的件数。

——摘自《蒙台梭利幼儿教育科学方法》

专家解读 ◆

　　在我们开始玩这种游戏的时候，常常发生孩子拿的件数要比纸上写的件数多的情况。这并不完全是因为孩子们没有记住数字，而是由于孩子喜欢占有大量的东西这种癖好引起的，本能地有些贪多。教师要想办法给孩子们解释清楚，把桌上所有的东西都拿去也没用，游戏的意义是按纸条上贴着的数字准确取走物品。

　　这不仅是一个记忆数字的游戏，而且更是一个锻炼意志的游戏。尤其是拿到 0 的孩子，即使看到伙伴们都去自由地取东西却不允许他取东西时，也不应该离开座位。

游戏配合 ◆

　　游戏名称：拿积木游戏

　　适用年龄：4~5 岁

　　游戏目的：通过让孩子按照数字拿相应数量的物品，加深对数字的记忆。

　　游戏方式：

Step 1

　　准备一些硬卡纸，用彩笔分别在上面写上 0~9，将其折叠起来，放到一个盒子里。

Step 2

让孩子抽取一张卡片，孩子看后，让他将卡片折起来，放好。

Step 3

孩子在桌子中间的积木盒中取相应数量的积木。

Step 4

让孩子将积木整齐地放在自己面前的桌子上，然后将卡片展开，大声读出卡片上的数字。

☆家长观察笔记

Part 6

算术的
初步学习

01 10 以内的加法

 **蒙台梭利老师怎么说** ◆

　　用于初步的算术运算教学的教具与计数教具相同，就是分段的长短棍。按米制尺寸分别排列，包含着十进制的初步概念。

　　我已经说过，这些棍可以用它们所代表的数字来称呼：1、2、3，等等。把它们按长度排列起来，也就是把它们按数字顺序排列起来。

　　第一个简单练习是把较短的棍以一种能构成 10 的方式放在一起。最简单的做法是从最短的 1 开始，连续地一根根地把棍放到 9 以下相应的棍的末端。在练习过程中教师可以命令孩子们："把 1 加到 9 后面，把 2 加到 8 后面，把 3 加到 7 后面，把 4 加到 6 后面。"这样我们便构成 4 根等于 10 的棍。这样剩下一根 5，如果再有一根 5，正好与 10 相等。

　　反复进行这些练习，孩子们就能逐渐学会相应的语言：9 加 1 等于 10；8 加 2 等于 10；7 加 3 等于 10；6 加 4 等于 10；而对于剩下的 5，则是 5 加 5 等于 10。最后，如果孩子们已经学会了书写，教师便可以教他们加号和等号。这样我们便可以看到，在孩子的练习本上整齐地写着：

$$9+1=10$$

$$8+2=10$$

$$7+3=10$$

$$6+4=10$$

$$5+5=10$$

孩子们一旦掌握了这些练习，就会自发地把练习扩展开。我们能用两种方法得到 3 吗？我们把 1 放到 2 后面，并写下来，以便记忆，那是 1+2=3。我们能够两根棍组成 4 吗？ 3+1=4。经过这样的练习，孩子们就可以很快掌握 10 以内的加法。

——摘自《蒙台梭利幼儿教育科学方法》

专家解读 ◆

在孩子接触到算术运算的开始阶段，还是需要从数的概念中切入。使用数数时使用的长短棍，通过对数的拆分和构成，令孩子对运算的概念有一个基本的构建，在潜移默化中进行了加法的学习。这个期间需要家长及教育工作者有足够的耐心，来正确引导孩子。

游戏名称：木棒集合

适用年龄：4~5 岁

游戏目的：让孩子学习 10 以内的加法。

游戏方式：

Step 1

准备一套彩色木棒。

Step 2

让孩子将木棒按照长短整齐地摆放在地毯上。

Step 3

妈妈告诉孩子："拿起木棒 1 放到木棒 9 的边上；拿起木棒 2 放在木棒 8 的边上；拿起木棒 3 放在木棒 7 的边上；拿起木棒 4 放在木棒 6 的边上。"

Step 4

通过这样的训练，孩子就得到了 4 组放在一起等于 10 的木棒。孩子这时就会发现剩下的木棒 5，两根木棒 5 放在一起也同样可以得到 10。

拿起木棒 4，放在木棒 6 的边上。

Step 5

不断重复上述练习，孩子就会得出：9 加 1 等于 10，8 加 2 等于 10，7 加 3 等于 10，6 加 4 等于 10，5 加 5 等于 10。

☆家长观察笔记

_____

_____

_____

_____

_____

_____

_____

02 10 以内的减法

 **蒙台梭利老师怎么说** ❖

　　当孩子掌握 10 以内的加法的时候，我们就叫他们注意下面这件工作，即把组成 10 的第一组拿走 4 留下 6；第二组拿走 3 留下 7；第三组拿走 2 留下 8；最后一组拿走 1 留下 9。恰当的说法是：10 减去 4 等于 6；10 减去 3 等于 7；10 减去 2 等于 8；10 减去 1 等于 9。到剩下的 5，把长棍一分为 2，就是 10 减去 5 等于 5。教会孩子书写减号。把这些写出来就是：

$$10-4=6$$
$$10-3=7$$
$$10-2=8$$
$$10-1=9$$
$$10-5=5$$

　　孩子就会进行拓展练习，用 3 和 1 两根棍组成 4，可以得到 4-1=3；4-3=1。

　　这些练习很快就会变得单调乏味，幸而练习的方式是很容易变化的。重新组合长棍，不再把最短的 1 放在 9 后面，而放到 10 后面。同样把 2 放到 9 的后面，把 3 放到 8 后面。这样我们得到比 10 还长的棍的组合。我们可以教孩子学会叫这些长度为 11、12、13……直至 20。也可以利用小立方块来让孩子记这些较大的数。

孩子学会 10 以内的加减运算，就不难进到 20 以内的加减运算了。

——摘自《蒙台梭利幼儿教育科学方法》

专家解读 ❖

减法的学习是在加法的基础上进行的，所以说在进行减法运算的学习前，可以让孩子先进行加法的练习，在加法熟练掌握之后，抓住恰当的机会进行减法的训练，让孩子在头脑中对减法有一个初步概念。

游戏配合 ❖

游戏名称：木棒大撤退

适用年龄：4~5 岁

游戏目的：让孩子学习 10 以内的减法。

游戏方式：

Step 1

准备一套彩色木棒。

Step 2

让孩子进行加法训练，组成 4 根等于 10 的木棒。

Step 3

这时告诉孩子："从最后一组 10 中，把木棒 4 拿走，剩下了木棒 6；把木棒 3 拿走，剩下了木棒 7；把木棒 2 拿走，剩下了木棒 8；把木棒 1 拿走，剩下了木棒 9，将拿走的木棒放回原来的位置。"

Step 4

为了让孩子更清楚，我们可以说，10 减 4 等于 6；10 减 3 等于 7；10 减 2 等于 8；10 减 1 等于 9。

Step 5

孩子不断重复这样的练习，就可以逐步掌握 10 以内的减法练习。

☆家长观察笔记

03 掌握进退位加减法运算

　　这项训练所需教具包括一些方纸卡片，上面印着大号字的 10，以及另外一些长方形纸片，其大小为长方形卡片的一半，上面分别印着 1 到 9 单个数字。我们把数字排成一行：1，2，3，4，5，6，7，8，9，10。接下去没有其他数了，我们必须返回，再从 1 开始往下数，但这个 1 比原先的要大，为了把它与原先的 1 区分开来，我们便在它后面加一个符号 0，得到 10。用长方形卡片上的数字按顺序覆盖这个 0，我们便可以看到：11，12，13，14，15，16，17，18，19。再用那套棍组成的这些数字，在 10 号棍上加 1 号棍，形成一根很长的棍，数出这根棍上红蓝相间的段数，也得到 11。

　　然后，教师给孩子出示 16 的卡片，孩子们便把 6 号棍放在 10 号棍后面。教师再把 6 拿走，在 0 的位置上覆盖上 8，于是孩子们便把 6 号棍拿走，换成 8 号棍，得到 18。每做一次可以记录一下：10+6=16；10+8=18；等等。我们也用相同的方法进行减法。

　　当孩子们都明白了这些数的意义时，就可放一张综合的长卡片，把印有 1 至 9 的数字的长方形卡片重新排放成 A 和 B 两栏。

103

A		B
10		10
10		20
10		30
10		40
10		50
10		60
10		70
10		80
10		90

在卡片 A 上的第二个 10 的 0 上重放上 1 的长方形卡片，在下一个 10 的 0 上重放上 2 的卡片，以此类推。这样 10 的左边一行不变，而右边一行的数则是从 0 到 9，即是：

10
11
12
13
14
15
16
17
18
19

卡片 B 应用要更复杂一些。重放上长方形卡片后就成为差为 10 的数列。

几乎所有孩子都能数到 100。给他们 100 这个数，能满足他们想学这个数的好奇心。

我想这一阶段的教学没有必要再作进一步说明了。每个教师都可以利用孩子容易使用的简单物品来扩充实际的算术运算练习。

——摘自《蒙台梭利幼儿教育科学方法》

专家解读 ◆

当孩子在了解 10 以内的加减法之后，就会想知道除了 10 以外还有什么数字，这些数字加减运算是怎样做的。为了满足孩子的好奇心，就要对 10 以上的数字及其加减运算进行一个简单的教学。在这个阶段的教学，起初还是要从简单的运算练起，如果一开始就太难，容易打击孩子的积极性，所以，要注意孩子状态的变化，合理把控教学的难易程度。

游戏配合 ◆

游戏名称：邮票游戏

适用年龄：4~5 岁

游戏目的：帮助孩子掌握进位加法运算。

游戏方式：

在邮票教具中选择几枚面值为 10 的邮票，再选择几枚面值为 1 的邮票，再准备一

支彩色铅笔和几张白纸。

Step 2

妈妈在白纸上写出一个简单的十进位加法算式，比如说：14+8=？然后妈妈按照个位和十位的顺序，从右到左，用邮票排列 14，然后把 8 用邮票排列在 14 的下面，要个位十位上下对齐。

Step 3

妈妈告诉孩子将这两个数，要从个位开始加到一起。

Step 4

4+8=12，一共有 12 枚邮票，也就是 10+2，将 10 枚面值为 1 的邮票换成一枚面值为 10 的邮票，将 10 枚面值为 1 的邮票放在盒子内。

Step 5

将换出来的面值为 10 的邮票放在十位上，这时个位上就剩下两枚面值为 1 的邮票。

按照个位的方法，对十位进行计算，最终得出这道算式的结果是 22。

妈妈示范完成后，给孩子新的题目进行练习。

☆家长观察笔记

04 强化儿童加减运算能力

 **蒙台梭利老师怎么说** ◆

　　儿童在学会 10 以内的加法运算时，就已经出现自发地进行拓展练习。他们拿着木棒进行随机组合，并且不断地尝试，找相同点和不同点，进行加减的练习。这就是儿童在其感兴趣之后的一个自发的过程，也是孩子智力发展的过程。

　　儿童是自己在极力地、自愿地理解和模仿。儿童教育应该是直接减少不必要的精力消耗，使它本身变成广泛掌握知识的轻松的娱乐。我们是那些刚步入人类思想世界的"旅行者"的向导。我们应该成为聪明的有修养的向导，不说废话，清楚简明地讲解"旅行者"们感兴趣的艺术般的工作，并尊重他们，让他们尽兴观察，练习，自己不断摸索。

　　加减运算能力的练习也是一样的，我们教会孩子基本方法，具体的练习是需要在孩子的兴趣点上进行操作的，这样孩子的思想也会进一步发散开来，领会更深层次的内容。

——摘自《蒙台梭利幼儿教育科学方法》

专家解读 ◈

　　在进行加减法训练的时候，有时候家长会太过于功利，想让孩子在短时间内就学会加减运算，甚至是较为复杂的运算，他们不会太在意这时孩子的情绪是怎样的，也许在这个过程中孩子有很厉害的哭闹，或者是注意力不集中，家长都会采用高压形式逼其就范，但是收效甚微。

　　那么，在进行复杂算术训练的时候，家长要注意从孩子的兴趣点出发，可以在生活中观察孩子对什么感兴趣，从孩子的方向切入，进行练习。

游戏配合 ◈

　　游戏名称：纸牌"凑 10"

　　适用年龄：4~5 岁

　　游戏目的：巩固 10 以内的加减法练习。

　　游戏方式：

Step 1

　　准备一副扑克牌，从中将方片、梅花、黑桃和红桃各种花色 1~9 的数字取出，一共 36 张。

Step 2

　　拿出一张 10 的扑克牌做标志，放在旁边，并告诉孩子我们今天的玩法是"凑

10"。也就是两张牌的数字加到一起等于 10。

Step 3

洗好 36 张牌，从中随意抽出一张，扣在标志 10 的旁边。两个人规定谁先来抓牌，然后开始抓牌。

Step 4

两个人各自整理自己手中的牌，从中拿出可以组成 10 的牌放到身边，全部组合完之后，剩余牌少的那个人就从对方手中抽牌。

Step 5

抽到牌后，看看有没有可以和自己手中牌组成 10 的，如果有，就放在旁边。

Step 6

按照上面的方法和妈妈轮流来抽牌，看看谁的牌最先被抽完。

☆**家长观察笔记**

Part 7

复杂运算
的练习

01 感受乘法运算

蒙台梭利老师怎么说 ◆

在我们进行加减法练习的时候，在算到 5+5 的时候，是将剩下的一根 5，把它倒一下头，正好等于 10；很明显，5 的 2 倍是 10，这时就可以引入乘法的概念。教孩子学会写乘号。孩子在练习本上写出 5×2=10。

在孩子进行加法练习时，发现 2 号棍和 4 号棍的关系与 5 号棍和 10 号棍的关系处理方法一样，即是：我们把 2 号棍倒头，让孩子看出 4 号棍是它的两倍；另一个问题是，我们能用多少根棍来做这样的游戏。我们还能用上 3 和 6，4 和 8；即：

$$2 \times 2 = 4$$
$$3 \times 2 = 6$$
$$4 \times 2 = 8$$
$$5 \times 2 = 10$$

让孩子不断尝试，不断发现，在不断发现 2 倍关系，甚至会自己摸索出 3 倍的关系时，就可以慢慢接触乘法。

——摘自《蒙台梭利幼儿教育科学方法》

专家解读 ◆

乘法运算是在加法运算的基础上进行的，当孩子知道 2+2=4，3+3=6，4+4=8，5+5=10 的时候，就可以将这些算式单独摘出来，让孩子来总结有什么规律。当孩子总结出是两个一样的数字相加的时候，才可以适时引入乘法这个概念，让孩子知道 $2×2=4$，$3×2=6$，$4×2=8$，$5×2=10$。

但是，当有的孩子不能够理解或者接受这个概念的时候，我们应该将节奏放缓，因材施教。

游戏配合 ◆

游戏名称：乘法板游戏

适用年龄：4~5岁

游戏目的：让孩子明白多个相同的数相加为乘法，学习乘法运算。

游戏方式：

Step 1

准备一套乘法板教具。将乘法板摆放在桌子中间，将装有红色珠子的盒子和小碗放在乘法板的右侧，将数字板放在乘法板附近，将红色筹码定规放在乘法板的左上侧指定位置。

Step 2

说出题目，比如：3×4=？ 将题目放在乘法板的上方。拿出数字卡片 3，从乘法板的左侧小孔插进去。

Step 3

将红色筹码定规放在乘法板数字 1 的上方，然后在数字 1 的下方的圆形小洞内垂直排列出 3 颗红色珠子，并说："这是 1 个 3。"

Step 4

将红色筹码定规放在数字 2 的上方，在数字 2 下方的圆形小洞内再垂直排列出 3 颗红色珠子，并说："这是 2 个 3。"

Step 5

按照上述方法依次排列数字 3 和数字 4 下方的红色珠子。

放完规定的红色珠子之后，数一数乘法板上红色珠子的数量。随后，将红色珠子一颗一颗放进小碗内，一边放一边数，用来检查最后的结果。这样就可以得到最终结果是12。

☆家长观察笔记

---

02 了解除法运算

蒙台梭利老师怎么说 ❖

在减法练习中，在说到 5 是 10 的一半时，把长棍一分为二，即是 10 除以 2，我们便得到 5，10 除以 2 等于 5。这时可以教会孩子学习写除号。把这些写出来就是 10÷2=5。通过乘法训练，我们同样可以写出 4÷2=2，6÷2=3，8÷2=4，10÷2=5。

这时我们发现，我们曾用在数字记忆游戏中的立方块在这里也有用。

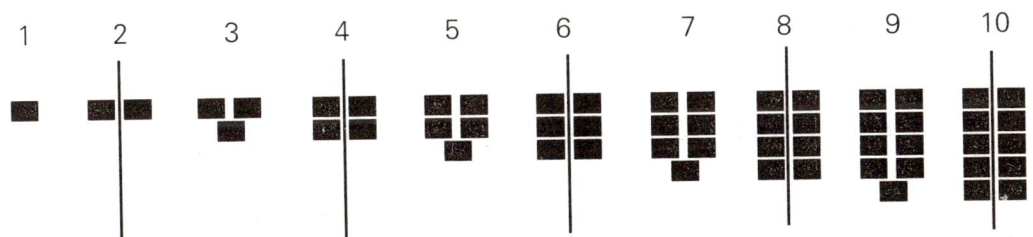

从这种排列中，一眼便可以看出，那些可以被 2 除的数，其最下面一排不是单数。这些数都是双数，因为它们都是成双成对地排列，可以被 2 除尽。两个两个地并排被分成两个竖行。数出这些排数便得到商数。为了组成原来的数，只需重新两个一排地排成行就行了。2×3=6，这对于5岁的孩子来说，要做到并不困难。

——摘自《蒙台梭利幼儿教育科学方法》

专家解读 ❖

在除法运算的学习过程中，我们采用的教具是除法板。在使用除法板进行练习时，妈妈最好先给孩子做示范，然后让孩子模仿。经过一段时间的练习后，孩子就可以自己玩除法游戏了。在给孩子出题目的时候，要尽量避免给孩子出有余数的题目。

游戏配合 ❖

游戏名称：除法板游戏

适用年龄：4~5岁

游戏目的：让孩子掌握乘除法的关系，学会除法运算。

游戏方式：

Step 1

准备一套除法板教具。将除法板放在桌子中间，右侧放着盛着绿色珠子的小碗，桌子上放着绿色的小人。

Step 2

孩子坐在桌前，妈妈在孩子的右侧，给孩子出题。比如6÷2=？

Step 3

妈妈给孩子说明计算方法："请输出 6 颗绿色的珠子，然后把这 6 颗珠子平均分配给两个小人。"

Step 4

孩子拿出两个小人，在除法板数字 1~9 那里固定。

Step 5

完成后妈妈继续说："请将珠子平均分配给这两个小人。这个给你，这个给他。"

Step 6

当孩子分完珠子后，让孩子查一查每个小人各得到了多少颗珠子。

Step 7

孩子用手点着其中一个小人得到的珠子数数。每个小人得到了 4 颗珠子，之后填出计算结果。

☆家长观察笔记

_____

_____

_____

_____

_____

_____

_____

03 帮助儿童区别奇偶数

 **蒙台梭利老师怎么说** ◆

在数的记忆练习的基础上，我们可以让孩子学会区分奇偶。

当孩子把所选的物品按两个一行排放在自己的桌上时，若物品的件数会剩下一个摆一排，就让他把剩下的单个放到最下面一排，对准上排两个物品中间位置。排列方式如下：

| 1 | 2 | 3 | 4 | 5 | 6 | 7 | 8 | 9 | 10 |

孩子就会发现奇偶问题。图中成对的就是偶数，而有单独放置的物品自然就是奇数了。

通过除法的学习，孩子就可以总结出，偶数是可以被平均分成两份的。除法的学习可以帮助孩子更加深入地了解奇偶的概念。注意：图中的黑色块代表的是具体

121

的物品。

——摘自《蒙台梭利幼儿教育科学方法》

 **专家解读** ❖

　　儿童在接触除法之后，就可以引入奇偶的概念。因为奇偶数涉及的就是数和 2 的关系，整数中可以被 2 整除的数就是偶数，也就是我们平常说的双数，不能被 2 整除的就是奇数，也就是单数。我们同样还可以巩固孩子分类的概念，可以给孩子提供一些数，让他们按照奇偶进行分类。这也就说明，对儿童进行的所有训练，都不是单一能力的训练，而是一个交叉训练，甚至是综合训练。这就需要我们家长朋友在对孩子进行训练的时候，要把握好孩子的进度和能力，不能揠苗助长。

 **游戏配合** ❖

　　游戏名称：数星星

　　适用年龄：4~5 岁

　　游戏目的：让孩子认识奇数和偶数，知道数字可分为奇数和偶数。

　　游戏方式：

Step 1

　　准备 1~10 的数字模具和相应数量的星星。

让孩子把十个数字按从大到小的顺序排成一排。

Step 3

让孩子在数字下面，摆出相应数量的星星，星星按两个一排进行排列。

Step 4

让孩子观察星星排列的规律，给孩子讲解奇数和偶数的概念，可以被 2 整除的数是偶数。

☆家长观察笔记

_____

_____

_____

_____

_____

_____

_____

04 建立分数模型

 **蒙台梭利老师怎么说** ❖

　　孩子不断渴望学到新知识，向着不同的方向拓展。为了满足孩子学习数学的欲望，我们就发明了一套有趣的教具帮助孩子认识分数，建立分数的初步概念。

　　这套教具非常有意思，造型酷似小人，其中有一个完整的小人，其他的小人都是按照 1/2、1/3、1/4 进行分割的，而且每个小人身体内部的颜色不同，所以孩子称它为"分数小人"。孩子非常喜欢这套教具，经常看到他们拿在手中拼凑完整的小人。我们可以抓住这个机会，将分数的概念教给孩子。起初孩子觉得很惊讶，但也很开心。在孩子了解了分数，在脑海中逐渐形成了分数的概念后，就能感觉学习到知识的乐趣了。

——摘自《蒙台梭利科学教育法》

专家解读 ❖

　　由于分数是儿童刚开始认识的一种新的数，因此在教学中应注意从孩子的认识特点出发，多联系实际，多举实例，结合孩子已有的知识基础和生活经验，通过丰富的操作活动，加强感性认识，让孩子亲身体验，积极探索，不仅仅是在教学过程，在生活或者是活动中，也可以给孩子不断地渗透。孩子掌握之后，就会在很多场景中应用，并且会体会新旧知识的联系，为以后孩子在分数的认识上由感性认识到理性认识的飞跃打好基础。

游戏配合 ❖

　　游戏名称：分数小人

　　适用年龄：4~5 岁

　　游戏目的：让孩子在脑海中初步形成分数的概念，学会分数的读法。

　　游戏方式：

Step 1

　　将分数小人放在桌子上，让孩子坐在桌前，妈妈坐在孩子的右边。

Step 2

先拿出整体分数小人，让孩子用手轻轻触摸，熟悉完整的分数小人。孩子触摸时妈妈说："这是一个完整的分数小人。"

Step 3

将 1/2 的分数小人拿出来，放在桌子上，让孩子用食指和中指沿着剖面触摸，并告诉孩子："这是 1/2，这边也是 1/2。"

Step 4

将两个小人面对面合并到一起。然后让孩子触摸合并到一起的小人，并告诉孩子："两个 1/2 合并到一起就变成 1 了，也就是一个完整的分数小人。"

Step 5

用相同的方法让孩子知道并熟悉 1/3、1/4。

☆ **家长观察笔记**

后记

从烟台大学毕业以来，我一心致力于教育事业，如今如愿实现。每天，当我能站在教室，面对一张张质朴的脸庞，授予他们知识，我都倍感荣耀。

俗语说"十年树木，百年树人"，果然如此。每每和学生们在一起，或是探讨问题，或是一起参加体育活动，我都能从他们身上感受到一股朝气蓬勃的力量。同时也深知自己作为学生们的榜样，肩膀上的责任重大。

在教学过程中，每个教师、家长都会遇到问题，无论是教学方法方面的，还是学生个人方面的，我想大多数人都为此感到头疼、不解。我也遇到过这些问题，所以总是翻开书籍，希求从中找到解决之法。

当我翻开蒙台梭利文集时，被这位慈祥的教育学家的思想和心得所深深折服，她不愧为"20世纪最伟大的科学与进步的教育家"。她在文章中提到的很多观点，值得今天的我们拿出来细细研究，我想这也有可能是未来教育改革所不可缺少的参考；她提出了很多教学方法，我认为这些论述对学生的教育也是很有帮助的。所以，我和众多教育工作者探讨了这个问题，并决定从蒙台梭利的论述中提取若干可以帮助学生进步的方法，希望对学生和教育工作者有所启发和帮助。

在探讨观点和试验教学方法的过程中，我们遇到了诸多困难，但都一一克服，力争把最好最全面的观点和方法呈现出来，以供家长和孩子们练习。在此感谢所有参与编辑此套书籍的工作人员，一并感谢帮助出版此书的有志之士，感谢你们为教育事业所做的贡献！

我们都以一颗赤诚的心，将精力奉献于对祖国未来花朵的浇灌，我想这将是利国利民的实事、好事。人们总把教师称为"人类灵魂工程师"，此刻我由衷地认为任何对教育有帮助、有贡献的人都应享此荣誉。

最后，作为一名受家长信赖、受社会大众委任的人民教师，我将继续义无反顾地投身于教书育人的事业，与同事将这些新的教育方法运用在教学过程中，并不断地总结经验，力图能像蒙台梭利所述那样，让孩子们在自由中成长，在学习中进步，在教育中成材。

崔维伟